VIVIMOS EN LA PREHISTORIA

LIBSA

© 2025, Editorial Libsa
C/ Puerto de Navacerrada, 88
28935 Móstoles (Madrid)
Tel.: (34) 91 657 25 80
e-mail: libsa@libsa.es
www.libsa.es

ISBN: 978-84-662-4350-6

Textos: Carla Nieto Martínez
Ilustración: Ellie O'Shea · Advocate Art

DL: M 16908-2024

CONTENIDO

SOY CAZADOR

Me presento: mi nombre es Katu y mi oficio es tan, tan, tan importante que de él depende que las familias del poblado prehistórico tengan la despensa siempre llena: soy cazador.

Una sola jornada de trabajo de un cazador garantiza muchos días de alimento para todo el poblado. Es un trabajo «de hombres», aunque también participan los niños (como «ojeadores», distrayendo a las presas hacia nuestro «punto de mira») y las mujeres (fundamentales en las tareas post-caza).

Esta es nuestra rutina: salimos en pequeños grupos todos los días muy temprano, y volvemos al atardecer, muy cansados por el esfuerzo que hacemos y porque estamos muchas horas en «modo alerta» (¡no te puedes despistar ni un segundo!). Las presas más codiciadas son el mamut (¡dos toneladas de carne!), el bisonte y el reno. También cazamos aves y liebres con pequeñas trampas perfectamente camufladas.

Además de inventar las herramientas de caza, somos unos «máquinas» añadiéndoles mejoras como el propulsor que se ajusta a la lanza y multiplica la potencia y distancia del disparo, o el amplio surtido de puntas (de piedra o hueso). Con estos complementos y con el arco (imprescindible para trabajar sin ser visto) acertamos casi el 100 % de las veces.

De todas las técnicas, la que mejor resultado nos da es la de «divide y cazarás»: unos cuantos van de avanzadilla y, cuando avisan que ven de lejos a una manada, otros hacen rápidamente una zanja en la que caen los animales, que son abatidos por el grupo «armado».

Ser buen cazador exige entrenamiento y observar durante muchas horas el terreno, el comportamiento de los animales… Conocemos perfectamente el entorno y los hábitos de cada

¡AQUÍ NO SE TIRA NADA!

De la caza se aprovechaba todo. La carne se cortaba en trozos de distinto tamaño y se secaba al sol (así se conservaba más tiempo) o se congelaba (en las zonas más frías). La grasa se consumía como suplemento energético y también se untaba por todo el cuerpo como capa aislante frente al frío. Las pieles eran la principal materia prima textil, y a los huesos les daban usos extraculinarios: refuerzo de paredes y techos, puntas de lanza, agujas afiladas…

especie, y solo con ver el tamaño de la hierba sabemos exactamente cuándo va a volver a pasar por ahí un animal. Y, obviamente, hay que estar en buena forma… sobre todo para salir corriendo si la cosa sale mal.

Con la caza también nos socializamos: el despiece y reparto de la presa supone un momento especial en el que participan todas las familias con cantos y rituales; compartimos las zonas de conservación de alimentos; nos intercambiamos recetas…. Todo un ejemplo para las comunidades de vecinos del futuro.

▶ La sangre de los animales cazados se consideraba casi una medicina: la bebían rápidamente y lo más fresca posible, pues sabían que así les proporcionaba más nutrientes. Solían reservar una pequeña cantidad para añadirle hierbas y preparar salsas con las que dar sabor a la carne.

▶ Aunque la caza era una actividad grupal, el propietario «oficial» del animal abatido no era quien le había dado muerte sino el dueño de las armas que, además, solía presidir la ceremonia de reparto de la carne y vigilaba que este fuera equitativo.

SOY PESCADOR

Me llamo Hási y mi nombre (que significa «ojo de agua») es una estupenda pista para saber a qué me dedico: soy pescador, y gracias a mi oficio un alimento tan meganutritivo como el pescado está presente en la dieta prehistórica.

Los prehistóricos somos capaces de recorrer miles de km para vivir cerca de una costa o río porque sabemos lo importante que es el pescado –en cantidad y calidad– para nuestra dieta. Y los pescadores, además de «llevarlo a la mesa», también dedicamos tiempo y esfuerzo a perfeccionar nuestro oficio (ningún instrumento toca el agua sin pasar antes por las manos de los «probadores de aparejos»).

Así, y tras un intenso *brain storming* para ver cómo pescar más y mejor, creamos la red. Hay varios modelos: la de fibra vegetal para la pesca en el litoral, y para la pesca «mayor» las de tamaño XL, elaboradas con pieles de animales que nos proporcionan los cazadores, con quienes formamos el «*team* avituallamiento» del poblado.

Al inventar útiles como el arpón y el anzuelo la técnica mejoró tanto que nos vinimos arriba con la pesca en alta mar, un reto que exige valor, dominio del oficio y gran conocimiento del medio, algo de lo que estamos sobrados pues pasamos horas analizando mareas y movimientos marinos, y tenemos perfectamente identificados hasta los bancos de peces más alejados de la costa.

Fruto de nuestro «furor inventor» son también las sólidas balsas y canoas que nos transportan (somos los «padres» de la ingeniería naval), construidas con troncos enteros de árboles que cortamos primero, vaciamos después (para que floten) y luego atamos entre ellos.

Aunque el atún es la pesca más importante –se hace en alta mar y en ella participa todo el *staff* pescador–, degustamos gran variedad de peces (dorada, boquerón, merluza, sardina) y otros manjares marinos, como el pulpo y el calamar.

▷ La dieta prehistórica incluía una amplísima variedad de pescados (la mayoría de los cuales se siguen consumiendo hoy en día), tal y como demuestran los restos arqueológicos de la época, que han encontrado más de 40 000 huesos de hasta 22 familias diferentes de pescados.

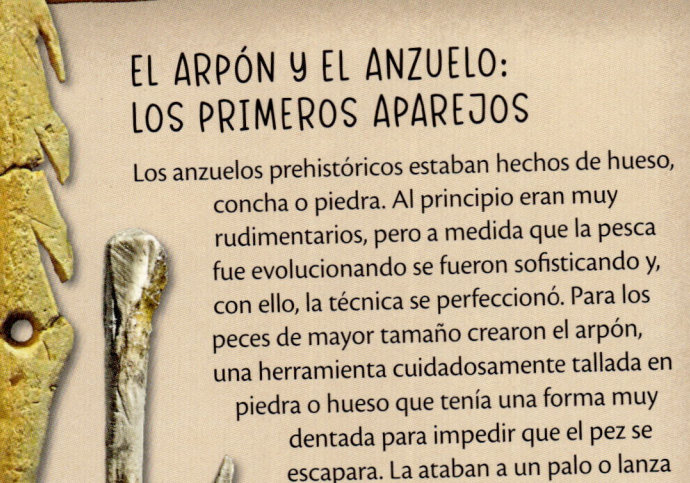

EL ARPÓN Y EL ANZUELO: LOS PRIMEROS APAREJOS

Los anzuelos prehistóricos estaban hechos de hueso, concha o piedra. Al principio eran muy rudimentarios, pero a medida que la pesca fue evolucionando se fueron sofisticando y, con ello, la técnica se perfeccionó. Para los peces de mayor tamaño crearon el arpón, una herramienta cuidadosamente tallada en piedra o hueso que tenía una forma muy dentada para impedir que el pez se escapara. La ataban a un palo o lanza y luego arrojaban al mar para dar captura a su presa.

Y como nuestro oficio «engancha», lo que para el resto es un relajante paseo por la costa, para nosotros supone una «mariscada» en potencia, ya que no se nos escapa ni uno solo de los moluscos que viven en las rocas.

Ah, y por cierto: también fuimos los primeros en darnos cuenta de los beneficios saludables de los omega 3 del pescado. Es lo que tiene derrochar talento…

▶ La pesca es uno de los oficios más antiguos, teniendo en cuenta que los primeros registros históricos de su existencia como actividad son de hace más de 40 000 años. Los 9 700 utensilios de piedra utilizados para pescar que se han recopilado reflejan la importancia que tuvo en estas sociedades.

SOY TALLADOR DE PIEDRA

Soy Rumi y mi profesión, tallador de piedra, es tan importante que los de mi oficio ostentamos el gran honor de dar nombre a una etapa de la Prehistoria: el Paleolítico, que significa «piedra antigua».

Los talladores somos muy resolutivos, y nuestro lema –«una solución para cada necesidad»– fue lo que nos llevó a inventar este oficio: necesitábamos algo para cortar la carne y, por casualidad, reparamos en dos guijarros que se habían roto al chocar uno con otro y ahora parecían un «diente XL». ¡Justo lo que estábamos buscando! Nos pusimos entonces a golpear piedras hasta obtener piezas afiladas: había nacido el cuchillo.

De todas las piedras a nuestro alcance, ninguna como el sílex: es la más resistente, se rompe muy fácilmente y admite una enorme variedad de formas. Para tallarla usamos el lascado, que consiste en golpearla con otra piedra o un trozo de madera para obtener las lascas (láminas) sobre las que luego trabajamos. La cantidad de lascas que salen «disparadas» nos permite producir muchísimos cuchillos –nuestro objeto «estrella»– en poco tiempo.

Hay uno para cada necesidad: cazar (muy grandes), tallar madera o hueso (pequeños y finos); cortar carne (gruesos y cortos)… Lo que más tiempo nos lleva es retocar el filo (tiene que pinchar y ser duradero) y también tallar los cuchillos dentados, pero merece la pena: ¡no hay carne de mamut que se les resista!

Otro objeto que producimos masivamente es las puntas de lanza. También diseñamos utensilios más «sofisticados» como el bifaz, una herramienta multiusos, cortante, puntiaguda y tallada por ambas caras (hay una en cada cueva, pues resuelve cualquier «avería»).

Convertir el sílex en herramientas es un trabajo duro que precisa mucha práctica, además de saber distinguir entre piedras «aptas» y «no aptas», tener paciencia, capacidad de concentración y sensibilidad (un golpe inadecuado supone empezar de cero); y nunca perder de vista la «máxima» de toda herramienta prehistórica: mucho filo y fácil de usar.

Tenemos un «perfil profesional» muy específico, y por eso, a diferencia de cazadores y pescadores, hay muy pocos talladores, un oficio que además, se transmite de padres a hijos.

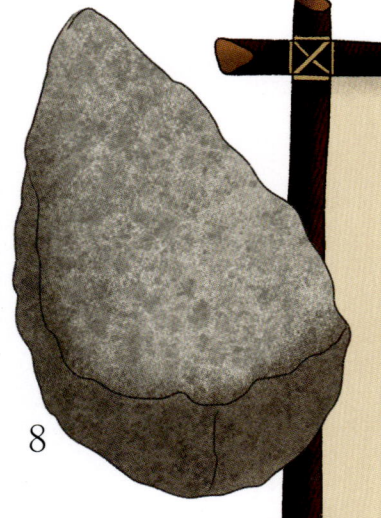

LA PRIMERA CAJA DE HERRAMIENTAS DE LA HISTORIA

La evolución de la técnica de tallado dio lugar a un variado surtido de herramientas diseñadas para usos específicos: raspadores (cuchillas para raspar la carne que quedaba adherida a las pieles de animales); punzones (con los que hacían agujeros en el hueso y perforaban las pieles antes de coserlas); y buriles (cuchillas pequeñas y estrechas empleadas para trabajos de precisión: grabados, modelar objetos pequeños; retocar los relieves más delicados…).

Junto al lascado, otra técnica de tallado habitual era la hechura, en la que las lascas se desechaban y lo que interesaba era llegar al núcleo de la piedra para trabajar sobre él y darle una forma concreta. La usaban para fabricar hachas, cinceles de piedra…

La piedra, además de ser no perecedera, se ha conservado muy bien y por ello supone una excelente fuente de documentación para estudiar la Prehistoria. Las herramientas talladas en piedra más antiguas encontradas son de hace 2,8 millones de años.

SOY RECOLECTORA

Hola, me llamo Utziakame («la que guarda la cosecha»), soy recolectora (como la mayoría de las mujeres prehistóricas) y lo digo alto y claro: gracias a nuestra labor diaria, los prodigios de la naturaleza llegan a nuestra mesa.

Los prehistóricos somos omnívoros y nuestra dieta se basa en todo lo comestible que encontramos en nuestro entorno y de cuya selección y recolección nos encargamos las mujeres (con la ayuda de los niños).

La búsqueda de víveres para alimentar a las familias (y asegurar una despensa llena durante el invierno) es una actividad diaria, y para hacerla bien hay que conocer perfectamente el entorno (mediante rondas de reconocimiento, identificamos las principales fuentes alimenticias); saber cómo buscar (si solo echas un vistazo se te pueden escapar muchos posibles manjares) y tener buena forma física (¡menudas sentadillas se hacen en el bosque!).

El paisaje es nuestra «brújula»: cambia a lo largo del año y también lo hacen los alimentos disponibles. Pero sabemos que la naturaleza no es un supermercado y que no podemos arrasar con todo: cada alimento tiene su momento (lo más maduro, primero) y hay que coger solo la cantidad justa, dejando el resto en su entorno natural.

Nuestra «cesta de la compra» incluye frutas, bayas, setas, hierbas y raíces comestibles, semillas, frutos secos, huevos, algunos insectos (¡proteína pura!), algas y moluscos. La guardamos en bolsas de piel o en cáscaras de huevos de avestruz, y con un bastón con punta de piedra escarbamos la tierra y movemos las ramas de los árboles. Con esta logística, en un día recogemos alimento para tres días o más.

Nos encargamos también de rellenar los depósitos de agua, cocinamos (inventamos la técnica de «piedras calientes») y almacenamos los alimentos para que se conserven mejor.

Aunque no alardeamos (como otros), todos saben que sin nuestra labor el menú sería más soso y escaso, pues la recolección cubre más del 60 % de las necesidades alimenticias diarias. Por eso, si a los cazadores-pescadores se les da mal lo suyo (como ocurre a veces), nadie se queda sin comer: nosotras siempre, siempre, siempre encontramos algo…

MASTER CHEFS PREHISTÓRICOS

Aunque comían la carne y el pescado crudos o casi crudos (antes del fuego), sabían que los vegetales les sentaban –y sabían– mucho mejor cocinados, así que crearon una curiosa técnica culinaria: ponían piedras al sol durante horas; llenaban de agua unas «cantimploras» hechas de piel o estómagos de animal y añadían las verduras, metiendo después las piedras ardiendo para hacer hervir el agua, y que iban reponiendo hasta que el alimento estaba «en su punto».

Los prehistóricos comprobaron que si incluían vegetales en su dieta (además de carne y pescado) enfermaban menos, sus heridas cicatrizaban antes y tenían más energía y vitalidad, debido a las sales minerales y vitaminas (como la C) que les aportaban estos alimentos.

Parece ser que el equipo cazador-recolector fue muy eficaz: los huesos y dientes encontrados en excavaciones demuestran que, por lo general, los prehistóricos estaban bien nutridos y desarrollados (los hombres medían 1,77 m y las mujeres 1,65 m); enfermaban poco y vivían bastantes años.

SOY PINTOR

Nombre: Iktan. Profesión: pintor y artista prehistórico. Mi «ficha profesional» avala que soy uno de los creadores de un arte innovador, técnicamente perfecto y, también, misterioso: la pintura rupestre.

Algunos nos consideran muy «primitivos» para el nivel que tienen las pinturas rupestres, pero sí: somos los autores de esas «obras maestras» que decoran las paredes y techos de nuestras cuevas.

No pintamos para plasmar nuestra vena artística, sino que la finalidad es otra: contactar con dioses y espíritus para que nos ayuden a cazar, explicándoles con todo detalle qué presa necesitamos. Por eso pintamos tantos bisontes, mamuts, ciervos, caballos… Y lo hacemos de forma tan realista (no en vano inventamos la técnica 3D) que muchos creen que son de verdad y salen corriendo cuando los ven.

Para pintar personas cambiamos al «estilo esquema»: líneas para el cuerpo, cabezas redondas y ningún detalle identificativo, pero si se trata de las manos sueltas –otro clásico de nuestro repertorio–, volvemos al realismo puro y duro.

Cuando trabajamos fuera de la cueva (somos pioneros del «arte urbano») buscamos pasajes ocultos y refugios bajo las rocas donde dibujamos otro tipo de temas: líneas,

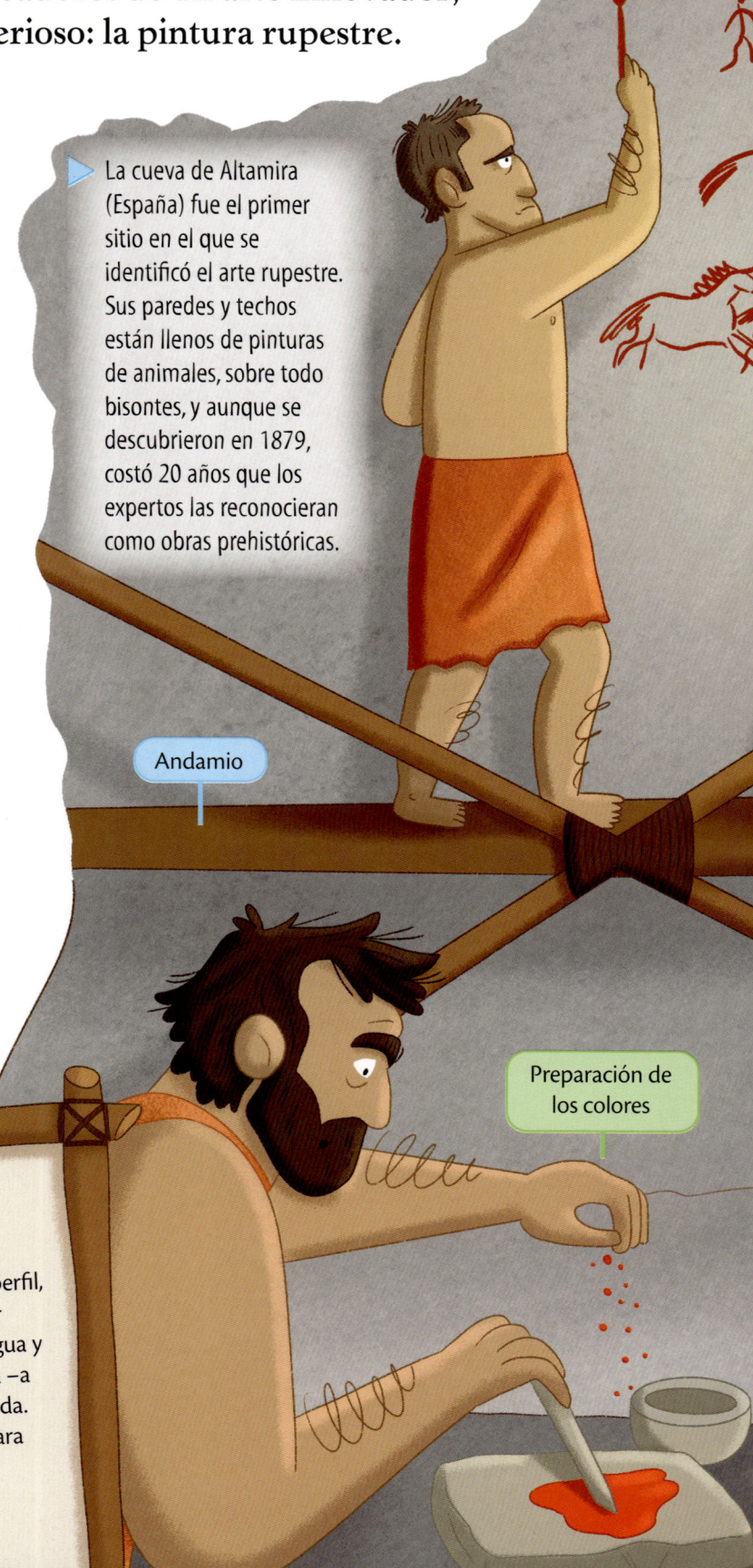

La cueva de Altamira (España) fue el primer sitio en el que se identificó el arte rupestre. Sus paredes y techos están llenos de pinturas de animales, sobre todo bisontes, y aunque se descubrieron en 1879, costó 20 años que los expertos las reconocieran como obras prehistóricas.

Andamio

Preparación de los colores

PINTURA EN 3D Y OTRAS TÉCNICAS

Aprovechaban los bultos e irregularidades de las paredes para dar volumen a los animales que pintaban y también sombreaban su perfil, consiguiendo así una sensación de vida y movimiento. Para pintar manos usaban el estarcido: se metían en la boca una mezcla de agua y polvos colorantes y, apoyando la mano sobre la pared de la cueva –a modo de plantilla– escupían sobre ella para que quedara silueteada. También manejaban muy bien la pintura de dedos, sobre todo para hacer signos y puntos.

puntos rojos, signos indescifrables y figuras geométricas.

El ocre, rojo y negro de nuestra paleta procede del carbón y el polvo de rocas de esos colores, que mezclamos con grasa animal (a más grasa, más brillo), logrando así una pintura «consistente» que aplicamos con pinceles de pelo animal.

Nos rodea un halo de misterio y, de momento, sigue siendo un enigma por qué nunca pintamos flores ni paisajes; la razón por la que hacemos animales perfectos y «garabateamos» a los humanos; el código oculto de signos y figuras; qué significan las marcas de flechas al lado de algunas pinturas de bisontes; por qué no hay ni rastro pictórico de uno de los animales que más cazamos: el reno…

Hay muchas teorías que ni confirmamos ni desmentimos: tampoco hay que contarlo todo, ¿no?

Soplo de pigmento

Preparación de los colores

Lámpara de grasa animal

13

SOY JEFE DEL CLAN

Me llamo Ruka y soy el jefe de uno de los muchos clanes que pueblan los territorios prehistóricos. Como máxima autoridad, tengo la enorme responsabilidad de hacer que todos en el clan se sientan y funcionen como una auténtica «familia».

Soy el que «más manda» en mi clan –grupo de personas que viven en un mismo sitio– y he sido elegido por el resto de los miembros porque reúno el perfil para el cargo: ser fuerte, valiente, hábil (sobre todo cazando), sentido común y dotes de mando. También suma votos haber protagonizado alguna hazaña (yo traje un mega-mamut al poblado), pero lo más importante es tener muchas ganas y asumir todo lo que supone esta responsabilidad. Para ello, cuento con la ayuda y experiencia de los más ancianos, que forman mi consejo asesor.

Todos acatan sin chistar mi autoridad cuando hay que tomar una decisión complicada. Una de ellas es resolver el dilema «cueva o choza» (un clásico del asentamiento), pues si la cueva no reúne unas mínimas condiciones, hay que acometer el «plan chozas» y conseguir que todas estén listas al mismo tiempo.

Organizo las actividades diarias, llevo el recuento de las provisiones, superviso la distribución de víveres, resuelvo posibles conflictos y hago respetar las costumbres (lo más parecido que tenemos a las leyes).

Disfruto mucho planificando los encuentros inter-clanes en los que nos reunimos todos los clanes de la zona en un *meeting point* (generalmente una cueva grande). Lo pasamos genial: socializamos, intercambiamos comida y objetos, hacemos rituales de caza… También surgen negocios y algún romance (¡hay que poblar la tierra!). En estos encuentros me toca también dar el OK a la «agregación», es decir, aceptar a un miembro de otro clan o fusionar a un clan entero si este se ha quedado con pocos miembros.

Somos muy pacíficos, pero a veces tengo que plantar cara a grupos que rondan el poblado con intenciones sospechosas (generalmente no pasa de discusiones «intensas»).

A mí me corresponde mantener y reforzar la unión, la identidad y el espíritu de grupo del clan, algo que, sentimentalismos aparte, es absolutamente imprescindible para sobrevivir: la Prehistoria no es el mejor escenario para ser un «lobo solitario».

▶ No en todos los poblados había un jefe, sino que hubo sociedades prehistóricas «igualitarias», en las que las decisiones se tomaban entre todos y el liderazgo era ejercido por el grupo. También hubo casos de jefes que se extralimitaron en sus funciones, olvidándose del resto del clan.

▶ Aunque las guerras entre clanes no eran habituales, alguna sí que hubo, tal y como demuestran los hallazgos de tumbas de poblados de la época (uno de ellos en Sudán, África), en las que se han encontrado restos humanos con lanzas clavadas.

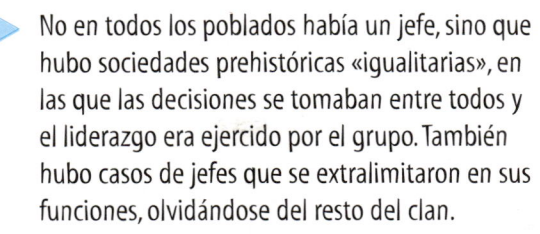

UN GRUPO DE PERSONAS (MÁS O MENOS) BIEN AVENIDAS

Las 20-30 personas de todas las edades que formaban los clanes compartían costumbres, tareas y creencias y se sentían «familia». Los niños eran educados por todos los adultos y el respeto a los mayores era una ley no escrita que no se podía vulnerar. Cuando faltaba el alimento, todos juntos se desplazaban a otro lugar y formaban un nuevo poblado. El jefe era tan importante que, cuando moría, se le vestía con un lujoso ajuar y se enterraba en medio de una solemne ceremonia.

SOY AGRICULTOR

Mi nombre es Avexom y soy agricultor, un oficio que cambió radicalmente nuestro estilo de vida y marcó un antes y un después en la Prehistoria, dando inicio a una nueva etapa: el Neolítico.

Teniendo en cuenta lo que nuestra hazaña (cultivar la tierra) ha significado para la Humanidad, me extraña que no se refieran a nosotros como «personajes históricos». Hecha la reivindicación, os confieso que este «invento» surgió de la perfecta combinación entre nuestras grandes dotes de observadores y la casualidad, que hizo que nos fijáramos que allí donde tirábamos las pepitas de frutas y verduras crecía al poco tiempo una planta.

Lo mismo ocurría con los granos de trigo dispersados por el viento, que «por arte de magia» se transformaban en espigas. «¿Y si hacemos nosotros, a propósito y de forma organizada, lo mismo que la naturaleza?». Fue así como empezamos a destinar terrenos a plantar esas semillas que antes desechábamos: las regamos, las vigilamos y, pasados unos meses… ¡allí estaban, al lado de casa, los alimentos que recolectábamos y otros nuevos que las plantas nos ofrecían!

Cada uno trabaja su parcela con distintas técnicas de cultivo y algunas herramientas (arados, cuchillos de sílex con punta curva). Las semillas principales son cereales

▶ La agricultura propició inventos como el molino para triturar los cereales: una piedra cóncava, en la que depositaban los granos que eran aplastados por grandes guijarros. Otra innovación fueron los recipientes de cerámica para el almacenamiento: así nació el oficio de ceramista.

(trigo, centeno, arroz, cebada, maíz) y legumbres, y también plantamos arbustos y árboles frutales.

Toda la familia participa en la siembra. Otra cosa es la cosecha (sospechosamente, casi nadie puede por «problemas de agenda»), ya que hay que estar mucho rato agachado y trabajar rápido para que no se estropee el alimento. La almacenamos en agujeros excavados en el suelo, dentro de recipientes de cerámica.

Los cereales son ahora un *must* (el filete de bisonte con guarnición empezaba a resultar cansino…), y para hacerlos más digeribles (aún no existen ni el microondas ni la *air fryer*) los molemos primero y los mojamos después (somos los creadores del *porridge*).

Gracias a la agricultura nuestra dieta es variada, somos «propietarios», tenemos alimento seguro al 99,9% todo el año, y, lo más importante, ya no estamos obligados a cambiar de residencia cada cierto tiempo para buscar comida: ¡bienvenidos a la vida sedentaria!

LAS TERRAZAS Y OTRAS TÉCNICAS DE CULTIVO

Los prehistóricos fueron muy hábiles para adaptar los cultivos al tipo de terreno. Despejaban la zona (si había árboles, los talaban), la abonaban y, tras la invención del fuego, quemaban la tierra antes de sembrar (la ceniza la hacía más fértil). En las montañas crearon terrazas en las cuestas, para hacer un «riego total» desde arriba. Y para los cultivos abundantes de un mismo alimento, utilizaron el riego en canales, conectándolos directamente a un río u otra fuente de agua.

▶ «Oficialmente» la agricultura nació alrededor del 8 500 a.C. en una zona situada entre Turquía e Irán conocida como «el creciente fértil» precisamente por sus tierras favorables al cultivo. Junto al trigo y la cebada, el arroz fue el cereal más cultivado en ese territorio.

SOY GANADERO

Mi nombre, Yakari, que significa «el que habla con los animales». Y eso es precisamente lo que hago a diario, además de cuidarlos, alimentarlos y encargarme del resto de tareas que exige mi oficio: la ganadería.

Con el sedentarismo vimos claro que en vez de ir nosotros a por los animales, sería más cómodo traerlos a nuestro terreno. Así surgió la ganadería. Empezamos por lo más fácil: alojar a las crías de animales que cazábamos en «casitas» (los primeros establos) con terreno y vistas al poblado. Al ver que se acostumbraban a vivir en un espacio reducido y no se escapaban, fuimos aumentando poco a poco el *staff* de ganado.

Salvo algún caso de mordiscos/pateos/rebelión, la cosa fue bien, así que activamos el «protocolo de domesticación», esto es, aplicar a la convivencia hombre-animal la fórmula infalible de «el roce hace el cariño», y que implica tener mucho respeto, paciencia y contacto más o menos directo (sin invadir la zona de confort animal…).

Solo domesticamos animales herbívoros (fáciles de alimentar) y de tamaño medio a grande (para proporcionar carne suficiente). La mejor posicionada fue la cabra, «oficialmente» el primer animal domesticado (en verdad fue el perro, pero este pertenece al apartado mascotas), y tras ella vinieron ovejas, bueyes, caballos, cerdos, camellos, asnos, aves de corral… Lo intentamos con el búfalo, pero desistimos por su mal carácter en las distancias cortas…

LAS PRIMERAS MASCOTAS

Hace 15 000 años, y como consecuencia del estrecho contacto con ellos, los prehistóricos consiguieron domesticar a los lobos más dóciles, de los que procede la mascota por antonomasia: el perro, que, desde entonces, se acostumbró a vivir en compañía de los humanos, defendiéndoles e incluso «entendiendo» lo que les dicen. Unos siglos después ocurrió algo parecido con los felinos pequeños que rondaban los almacenes de comida en busca de ratones: ese fue el origen del gato como animal doméstico.

La ganadería asegura nuestra supervivencia al 100 % pues los animales cubren casi todas nuestras necesidades: alimento (carne, leche, huevos), pieles, lana, sebo, transporte de cargas y personas…

Hacemos *crossovers* con los agricultores –nuestros «camaradas» en eso que se llama «revolución neolítica»–, a quienes facilitamos el trabajo (¡hicieron la ola cuando les propusimos enganchar el arado a un asno para agilizar la siembra!) y regalamos generosamente los sobrantes «olorosos» (no hay mejor abono que la caca animal).

▶ Los ganaderos no «inventaron» los rebaños, sino que fue al revés: observaron la forma en la que se desplazaban cabras, ovejas y demás herbívoros cuando estaban en estado «salvaje» y la reprodujeron en la granja, formando grupos reducidos a los que llevaban a pastar a diario.

No se habla de ello, pero los ganaderos también somos (sin pretenderlo) los primeros «genetistas», pues la domesticación hizo que, con el tiempo, las especies fueran modificando tanto su comportamiento (mucho más dócil) como su aspecto respecto a la «versión original».

▶ Una de las grandes aportaciones de la agricultura fue la introducción en la dieta de la leche (sobre todo la de cabra), un alimento hasta entonces desconocido.

19

SOY TEJEDORA

Mi nombre es Wayta, soy costurera y de mi taller salen los diseños que lucen los habitantes del poblado: prendas de piel, adaptadas al clima, a la actividad diaria y, también, a las tendencias.

El *outfit* cavernario no se limita a lucir una piel anodina puesta de cualquier manera sobre el cuerpo: nos tomamos la moda muy en serio y las *fashion designers* (costureras) tenemos mucho trabajo.

Las primeras prendas (básicas y con cero glamur) se hicieron para abrigarnos durante las glaciaciones, y a partir de ellas hemos perfeccionado la técnica y el dominio de nuestra «tela»: las pieles animales.

La de mamut, gruesa y resistente, es ideal para el frío. También usamos piel de lobo, oso y zorro. Todas tienen que pasar por el proceso de curtido, y las más duras, además, se frotan con sesos animales para suavizarlas. Es entonces cuando empieza la parte creativa: corto la piel y la coso con agujas (de hueso) e hilo (de pelo y tendón animal o fibras vegetales).

En verano, las túnicas son un *must have*. Como las pieles son calurosas, tuvimos que buscar opciones más ligeras, y así se nos ocurrió inventar el telar: introducimos lana o lino en unos husos de hueso, los tejemos y conseguimos tejidos más frescos y de mejor calidad.

Mis diseños son famosos por sus complementos (tiras de cuero, conchas, plumas…), y su éxito es tal que tengo que recordar a mis clientas que «menos es más» (hay mucha fan del abalorio barroco en mi poblado…). Las gemas y perlas de marfil las reservo para mi colección de alta costura.

En invierno triunfan las capas (abrigan y no agobian al cazar o recolectar). Las mías son inconfundibles por sus cuellos de piel de zorro o comadreja (son tendencia). También diseñamos zapatos de cuero: mocasines y botines en invierno y sandalias en verano.

▶ Curtían las pieles para evitar que se pudrieran y hacer que duraran más. Para ello, eliminaban, con la ayuda de raspadores específicos, todo resto de carne, músculo y grasa del animal. Las pieles más gruesas se aplanaban con piedras o cortezas de roble o abedul para que quedaran más finas y flexibles. Luego las untaban con ocre (para darles color y reforzar la protección) y, finalmente, las secaban al aire libre, hasta que estaban lo suficientemente blandas y perdían el olor «salvaje».

Entre nuestros «legados» están el forro polar (cosemos hojas secas en el interior de los abrigos), el impermeable (untamos la piel con grasa para que resbale el agua), el anorak (¡qué gran idea añadir una capucha a las capas¡) y el reciclaje («customizamos» la ropa de segunda mano). Y somos pioneras de la moda eco-sostenible: ninguna industria textil sacará tan buen partido a los materiales naturales como nosotras.

ÖTZI, MODA PREHISTÓRICA

El descubrimiento en los Alpes de Ötzi, un hombre prehistórico de hace 5 300 años y cuya momia se conservó congelada, refleja las prendas más habituales de esa época. El Hombre de Hielo se encontró en 1991 junto con una completa variedad de ropa, incluyendo un abrigo, unos leggins, un gorro y unos zapatos rellenos de paja, todo fabricado con piel.

Se han encontrado agujas de hace más de 20 000 años, muy similares en forma y tamaño a las actuales, que también tenían agujero hecho con la barrena, una herramienta de sílex muy afilada. La única diferencia es que, a diferencia de nuestras agujas de metal, eran de hueso animal.

SOY ALFARERO

Me llamo Katupyry y pertenezco al ilustre gremio de ceramistas –o alfareros– prehistóricos. Nuestro oficio ha resuelto uno de los grandes dilemas neolíticos: cómo guardar los alimentos para que no se estropeen.

La cerámica fue la respuesta al SOS de agricultores y ganaderos, que necesitaban recipientes para almacenar los víveres. Los de talante ingenioso, como yo, descubrimos la solución bajo nuestros pies: la arcilla, ese mejunje que forma la tierra al mezclarse con la lluvia y que, al secarse, se transforma en una «costra» sólida.

«¿Y si la amasamos y le damos forma de recipiente?». Dicho y hecho: recogimos grandes cantidades, la llevamos a una cueva (que pasó a llamarse «taller») y constituimos un grupo de alta cualificación especializado en hacer pequeñas bolas a partir de las cuales formamos cuencos… aunque de textura muy blanda. «¿Y si los ponemos a secar al sol?». En efecto, la arcilla se endurecía… pero no nos convencía del todo (somos muy perfeccionistas). Y el fuego nos dio la clave final: «¿Y si, además, los cocemos?». ¡Bingo! Conseguimos un objeto duro, resistente y bien acabado. Habíamos inventado la cerámica.

En rematar cada objeto tardamos cinco horas: con la ayuda de un palo largo, lo ponemos, vuelta y vuelta, sobre una hoguera (nos vamos turnando, para hacerlo más llevadero), hasta que queda totalmente cocido.

Al principio solo produjimos cuencos y vasijas de distintos tamaños y estilos, pero

▶ Aunque con la cocción se conseguía una cerámica compacta, era normal que se formaran poros o espacios vacíos en los que se depositaban restos de los alimentos que contenían. Gracias a técnicas de química orgánica se han podido analizar estos restos y conocer el tipo de dieta que llevaban.

FORMAS, ESTILOS Y CULTURAS NEOLÍTICAS

El tipo de arcilla, el método de cocción y la forma de los objetos revela la evolución y el estilo de vida de los pueblos prehistóricos e incluso han dado nombre a algunas culturas del Neolítico, como la «cardial», en la que la cerámica se decoraba con conchas y que es característica de los pueblos mediterráneos; o la «cultura del vaso campaniforme», que se identifica por sus objetos en forma de campana invertida y que es típica de los poblados localizados en Europa occidental.

una vez cubiertas las necesidades de menaje, también hacemos vasos, platos, botellas, vajillas enteras, baldosas, tejas…

Como amantes del diseño que somos, cuidamos mucho el aspecto (las primeras piezas eran sosas y un poco amorfas): cuando la arcilla está aún blanda, la alisamos y decoramos con piedras, huesos, dibujos geométricos, huellas de dedos… Algunos mezclamos distintas arcillas (¡mis cuencos multicolor arrasan!) y para las «ediciones limitadas», hacemos piezas más elaboradas –de estilo «tosco-decó»– que intercambiamos por otros productos.

La cerámica es uno de los materiales más duros y resistentes creados por el hombre, pero yo creo que hay un hito aún más importante para honrar al gremio ceramista prehistórico: inventar el primer táper de la Historia.

▶ La cerámica surgió en distintos lugares y, aunque los diseños y utensilios eran más o menos los mismos, cada pueblo utilizó técnicas y decorados diferentes. Los primeros vasos y botellas de arcilla conocidos datan de unos 6 000 años a.C.

SOY ESCULTOR

Aunque mi nombre es Sumaq, todos me conocen –a mí y al resto de los escultores– como «el artista», en reconocimiento al hecho de ser, oficialmente, los primeros creadores de arte de la historia de la Humanidad.

Siguiendo la «pista» a los ceramistas, inventamos el oficio de dar forma a objetos, no para solucionar una necesidad (como hacen ellos) sino para crear arte, añadiendo a su técnica (que dominamos perfectamente) el plus de nuestra enorme creatividad.

Empezamos esculpiendo arcilla, pero enseguida nos animamos con la piedra, madera, hueso y marfil de diente animal (mi preferido es el colmillo de mamut).

Nuestras obras no están pensadas para decorar o «dar calor de hogar» a un rincón de la cueva, sino que son *take away* («arte mobiliario» le llaman), diseñadas para llevarlas encima o transportarlas fácilmente.

La «caverna-taller de artistas» está en las afueras del poblado, para evitar interrupciones que alteren nuestro flujo creativo. No somos divos ni antisociales, pero, como estamos en otro «plano» (el artístico), tenemos que evadirnos de la cotidianeidad…

Hacemos piezas pequeñas: ídolos (miniaturas humanas); placas-colgantes identificativas de pertenencia a un clan (idolillos); tallas de animales (toros, leones, mamuts); rarezas (figuras mitad hombre, mitad león); «oculados» (cilindros de piedra o hueso con ojos enormes)… Pero la «obra maestra» son las venus, reflejo de la influencia que tiene el mundo femenino en nuestro concepto del arte.

Los «entendidos» se sorprenden de nuestro nivel técnico, logrado con herramientas muy básicas (raspadores, buriles y nuestras maravillosas manos), y muchos están obsesionados con «descifrarnos» (hablan de «influjos iconográficos» o «corrientes de pensamiento subyacentes»…).

Es mucho más sencillo: representamos lo obvio, las cosas tal cual las vemos, de forma casi esquemática y resaltando algunos rasgos

UNAS VENUS MUY... ¿REALISTAS?

Las venus prehistóricas son figuras de mujeres esculpidas en hueso, marfil de mamut o piedra blanda. Miden unos 10 cm y se caracterizan por una exageración de los atributos y formas femeninas (son muy voluminosas), mientras que el rostro es inexistente o desdibujado. Se enterraban en los suelos de la entrada de las viviendas y servían de amuleto en los ritos de fertilidad o como protección de las embarazadas (en la prehistoria las complicaciones durante el parto eran frecuentes).

▶ De las más de 100 «venus» encontradas, la más famosa es la de Willendorf (descubierta en Austria). Otra representación femenina destacable es la Dama de Brassempouy, una pequeña cabeza tallada de marfil en la que, a diferencia del resto, los rasgos del rostro sí están definidos.

o características, sin perder tiempo en florituras ni interpretaciones «raritas». Así, si pensamos que lo *curvy* es bello, lo esculpimos sin filtros.

Los usos y significados (amuletos, rituales, culto…) dependen del propietario de cada escultura. Para nosotros son, simplemente arte. Así que *keep calm*… y a disfrutar de nuestro talento.

▷ Según algunas teorías, las venus son en realidad «autoesculturas» que las mujeres hacían de sus propios cuerpos para conocerlos mejor. Como no había espejos donde reflejarse, solo tenían una perspectiva «desde arriba», de ahí el resultado «amorfo» o distorsionado de estas piezas.

SOY CHAMÁN

Me presento: soy Kunturi y, como indica mi nombre («enviado por los espíritus ancestrales») ejerzo el trascendental oficio de chamán, que consiste en actuar como intermediario entre los humanos y el mundo invisible.

Para nosotros es súper normal «conectar» con espíritus de difuntos y fuerzas de la naturaleza –«los otros»– a través de un mediador: el chamán (ojo: ni «brujo» ni «hechicero»), un referente en el clan. Soy uno de esos «obreros del más allá», agraciado con el don de interactuar con lo invisible.

Para prestar un servicio de calidad, además de este don se necesitan dotes diplomáticas («los otros» son muy suyos, y hay que saber cómo y cuándo contactarles); creatividad (muy útil para mensajes poco claros… o inexistentes), buena memoria; autocontrol y capacidad de concentración.

La vía «oficial» de contacto son rituales y ceremonias, pero también me hablan a través de visiones, premociones y sueños (cómo le gusta al más allá socializar precisamente cuando yo estoy durmiendo…).

Tengo lista de espera de peticiones, y eso que no paro en todo el día. Realizo rituales para todo: inauguración de cuevas, bendición de armas, *performances* para cosechas o atraer la lluvia…. Algunos son más elaborados, como el «rito de refuerzo» que hago cuando mis «interlocutores» se despistan y, para reiterarles que vamos escasos de caza, introduzco huesos «recordatorios» en las grietas cercanas a los dibujos de animales de las cuevas.

También tengo consultoría (sentimental, vecinal…) para gestionar las preguntas individuales que traslado a «los otros», y soy el guardián de los protocolos ceremoniales del clan.

Los asuntos más serios los resuelvo en la «cita cavernaria con el más allá», en cuevas profundas y con salas que intensifican las «vibraciones», que es donde más les gusta manifestarse a los espíritus. En ahí cuando entro en trance y hablo de tú a tú con ellos.

El post-trance es muy estresante, pues tengo que narrar con todo detalle la «conversación» a mis clientes. Cuando les noto muy ansiosos, opto por dibujar en la cueva un resumen del mensaje. De hecho, soy autor de algunas obras atribuidas a pintores rupestres… pero no me apetece meterme en conflictos por la propiedad intelectual.

EL TRANCE Y SUS CÓDIGOS

El chamán entraba en trance mediante una ceremonia con música, cantos rituales y danzas. Antes de iniciar el rito, consumía unas plantas con efecto alucinógeno que le «facilitaban» el contacto con los espíritus, quienes le transmitían mensajes, le daban un aviso o respondían a preguntas formuladas por el chamán. Se cree que muchos signos y formas geométricas encontradas en las paredes de las cuevas fueron hechas por ellos, y serían «códigos» sobre el mensaje recibido durante el trance.

Para entender bien la importancia de la figura del chamán hay que tener en cuenta que los prehistóricos eran animistas, esto es, pensaban que toda planta, animal, objeto o fenómeno atmosférico tenía un espíritu propio, que era con quien entraba en contacto el chamán.

Un ritual bastante habitual era el «culto al oso», en el que el chamán preguntaba sobre cuestiones relacionadas con el futuro. Para ello, acumulaba en perfecto orden un buen número de huesos de osos y los enterraba. Se han encontrado nichos de este tipo en muchas cuevas prehistóricas.

SOY CONSTRUCTOR DE CARROS

Soy Shanarani y dirijo una cueva-taller de construcción de carros, un oficio que, literalmente, ha revolucionado la vida prehistórica, haciendo posible, entre otras cosas, transportar peso sin esfuerzo o visitar lugares lejanos.

Todo empezó el día que el tronco de árbol en el que nos sentábamos para la tertulia se movió y nos caímos. «¡Mira, si rueda!». No tardamos en darnos cuenta de que ahí estaba la solución al problema de transportar mercancías pesadas (responsable de las contracturas que padecía la mitad del poblado). Lo cortamos en pequeñas planchas redondas –las llamamos «ruedas»–, las unimos con listones (ejes) y las pusimos bajo las plataformas de transporte. Había nacido la carretilla.

Nos vinimos arriba y añadimos dos pares de ruedas (dos delante, dos detrás), logrando un artilugio más estable y que aguantaba más peso: el carro, al que incorporamos un enganche para el «motor» (un buey o un asno).

Gracias al tándem rueda-carro ahora podemos sembrar y cosechar más y mejor (con arados «turbo»), transportar mercancías (para comerciar) o bloques de piedra (los arquitectos nos adoran); agilizar la caza (¡no sabéis lo que era cargar con un mamut hasta el poblado!); aumentar la producción de cerámica (menudo invento el torno); construir mini-presas (rueda + agua = molino) e incluso defendernos con carros «de combate» (idea de uno de mis chicos, que añadió cuchillos afilados a los lados de un modelo). Y, sobre todo, podemos disfrutar del placer de hacer turismo y conocer otras gentes y pueblos.

En mi cueva-taller hacemos producción en cadena: unos se encargan de las ruedas, otros de insertar ejes, otros de la «carrocería»… También tengo «probadores», que son de mi absoluta confianza (algún listillo se fue a probar… y no volvió). Fabricamos utilitarios, carros-bus (¡van a tope en las excursiones!), de mercancías, series vip (para procesiones ceremoniales)…

Nuestro doble invento (rueda + carro) está registrado como «la primera revolución del transporte terrestre» y mi oficio se considera «de prestigio», pero yo no me duermo en los laureles, y vivo en un continuo *brain storming* de mejoras y proyectos (justo me pilláis organizando el «I Rally Neolítico Trans-Poblados»).

ANTES DEL CARRO FUE EL TORNO

En realidad, el primer uso de la rueda fue en la elaboración de cerámica: ponían una rueda en horizontal y colocaban encima un disco, creando así una mesa giratoria o torno, que hacían girar manualmente y les permitía trabajar el barro más fácilmente y en menos tiempo. Con ello se multiplicó la producción de cuencos, vajillas y recipientes y se dio un gran impulso a la alfarería, que se «atrevió» con otro tipo de piezas. Se tardó bastante tiempo en trasladar este sistema a los carros.

En las tumbas de personajes relevantes de la época se ha encontrado algún carro entero sepultado y también pequeñas reproducciones de carros esculpidas en arcilla o bronce. Se piensa que eran ofrendas que se depositaban para facilitar al difunto el tránsito al más allá.

Los primeros datos de la existencia de carros proceden de grabados encontrados en Ur (actual Irak), en los que aparecen claramente representados.

SOY FUNDIDOR

Me llamo Antay y me dedico a la metalurgia –el «arte de fundir metales»–, un oficio que, sobre todo desde que usamos el hierro, ha hecho realidad el sueño de tener herramientas, armas y objetos superresistentes…¡y que no se rompan!

Los herreros-fundidores somos los *rock stars* de la Edad de los Metales. Algunos creen que hacemos «magia», pero quienes a diario sudamos la gota gorda (literalmente) sabemos lo duro que es el trabajo en las forja-cavernas.

De los chapistas del cobre –creadores también del bronce (mezcla de cobre + estaño)– aprendimos que el metal caliente es más fácil de moldear, y decidimos dar un paso más: derretir (fundir) el hierro y echar el «líquido» en moldes de arcilla con forma de herramientas, utensilios, armas y armaduras, recipientes de todo tipo, vasijas…

Es un oficio de alto riesgo (si te despistas, te quemas seguro) para el que hay que estar cualificado: conocer el terreno, precisión técnica, capacidad de concentración y, muy importante, soportar bien el calor (y también el «aroma a colectividad»… pues aún no existen los desodorantes).

Producimos «en cadena», con profesionales 100 % especializados: ojeadores (detectores de filones), extractores, transportadores del metal hasta la forja… Allí, por turnos, varios grupos lo van metiendo en los hornos fundidores, y luego los «operarios turbo» recogen volando el líquido obtenido y lo depositan en moldes.

Cuando el objeto se enfría, se desmolda y pasa a los rematadores, quienes lo «pulen», decoran e incorporan añadidos (bisagras, lengüetas) usando martillos y punzones.

Generalmente trabajamos por encargo para particulares, aunque también hacemos tandas exclusivas (para ventas *privé*) y lotes enteros destinados al comercio.

Nos consideran «eruditos del metal» y, también, grandes innovadores: ¿qué sería de la metalurgia futura sin la especialización de tareas, la fabricación en serie de objetos idénticos (gracias a los moldes) o el descubrimiento de la aleación?

Además, sentamos las bases del reciclaje: ¿un objeto ya no sirve? *No problem*: al horno… y se hace uno nuevo. Pero, sobre todo, hemos conseguido el hito de que, por primera vez, la Humanidad dispone de objetos 100 % irrompibles y duraderos.

CON USTEDES… ¡LA EDAD DE LOS METALES!

El trabajo metalúrgico marcó el inicio del último periodo prehistórico, la Edad de los Metales, que supuso un salto muy importante hacia el desarrollo de la civilización: se dejó de usar exclusivamente la piedra, la madera y el hueso como materia prima y fue posible disponer de objetos de todo tipo hechos de metal (duradero, resistente y versátil). Según el mineral que se iba descubriendo (y utilizando), este periodo se dividió en tres «Edades»: la de Cobre, la de Bronce y la de Hierro.

▶ El molde más utilizado fue el «crisol de fundición», de cerámica y resistente al calor, en el que se vertía el metal fundido. Con el desarrollo de la metalurgia los moldes se perfeccionaron con modalidades como los bivalvos, que permitían fabricar hachas con las dos caras en relieve.

Los hornos tenían dos cámaras: la de combustión, en la que, al quemar carbón vegetal, se generaba un aire caliente que se dirigía a la otra cámara, la de fundición, calentando el hierro hasta que alcanzaba el punto de fusión (1538 ℃).

31

SOY FABRICANTE DE ARMAS

Puede que en otro momento de la Historia, si dices que eres fabricante de armas –soy Aukan y ese es mi oficio– te relacionen con asuntos «turbios», pero en el Neolítico supone un gran honor, pues tener «armamento» es cuestión de supervivencia.

Somos pacifistas y tranquilos, pero siempre tenemos un arma a mano para evitar ser merendados por alguna fiera y «disuadir» a ladronzuelos y buscadores de broncas. De hecho, el código cavernario contempla «el uso de objetos que potencialmente hacen pupa para defensa ante un ataque, como el garrote».

Las armas son la versión pro de las herramientas domésticas, a las que customizamos para hacerlas más «agresivas». Son de piedra, madera, huesos y sílex, y ahora, gracias al descubrimiento de los metales –y trabajando en tándem con los herreros– las hemos perfeccionado, haciéndolas más sólidas y precisas.

EL GARROTE PREHISTÓRICO: ¿MITO O REALIDAD?

Aunque disponían de armas más evolucionadas, nunca dejaron de usar el característico garrote («símbolo» del hombre primitivo) como «herramienta defensiva» básica y tosca, pero altamente efectiva. Solía ser una rama gruesa de árbol a la que se le daba un poco de forma redondeada en la punta, y la utilizaban básicamente para dar golpes certeros (tanto a animales como a la cabeza de sus atacantes). Con el tiempo aumentaron su «potencia letal» añadiendo piedras afiladas a la punta del garrote.

Vimos que la herramienta con más perfil bélico era el hacha, así que sustituimos la piedra por metal e hicimos la modalidad «guerrera» (con más filo), muy fácil de transportar.

A partir de un prototipo de hacha XXL creamos la lanza, con una punta de metal 100% efectiva (sobre todo en el cuerpo a cuerpo).

El arco y la flecha –ejemplo de sofisticación, precisión y diseño– llevan nuestro *copyright*, y también fabricamos espadas, pero solo en ediciones limitadas (para jefes de clanes), ya que son muy costosas y laboriosas.

La mayoría de los «conflictos armados» son por la defensa de nuestras propiedades (víveres, animales, materias primas) o para «poner en su sitio» a esos grupitos de impertinentes que cada cierto tiempo quieren desalojarnos del poblado y reclaman el terreno usando la ley de «yo lo vi primero» (norma paleolítica que urge modificar).

Aunque a veces los desacuerdos suben de tono, la cosa no suele ir más allá…

Nos llena de orgullo y satisfacción que reconozcan nuestro trabajo como «la más alta tecnología disponible» y lo definan como «lección de adaptación el hombre a su entorno».

A medida que los conflictos entre tribus y clanes fueron aumentando, los fabricantes de armas empezaron a incorporar a su producción elementos de protección como escudos y corazas (con varias capas de refuerzo) y cascos (primero de marfil y más tarde de metal).

Las flechas prehistóricas eran varas de unos 50 cm de largo y tenían puntas de piedra o metal de forma triangular y muy puntiagudas, lo que las convertía en auténticas armas mortíferas. Para que fueran más precisas y estables les añadían plumas de ave en el otro extremo.

SOY ORFEBRE

Qué ojo tuvieron mis padres al elegir mi nombre: Kúkama (significa «collar»). Y es que sin duda estaba predestinado a ser orfebre, el «oficio de la ornamentación» al que tan aficionados son los hombres y mujeres de la Edad de los Metales.

Aunque no existe un *Instagram* donde subir *stories*, somos grandes *influencers*, pues lo que hacemos crea tendencia. Un ejemplo es nuestra decisión (copiada por otros oficios) de vivir todos en la misma calle, cada uno en su casa-taller, y compartiendo barrio con otros artesanos, como los cesteros.

Parte de nuestro éxito se explica por el lema de la moda *age of metals*: «Nadie sale de casa sin sus alhajas», por lo que todo el mundo lleva encima collares, anillos, pendientes… (cuantos más mejor, y si brillan, mejor todavía).

Además de habilidad y creatividad, la principal cualidad de un orfebre es la paciencia: cada pieza es única, y debe quedar perfectamente terminada se tarde lo que se tarde (la prueba de fuego son las cuentas: de las 100 que lleva cada collar, en un día, solo acabamos cinco). También se necesita una gran concentración: lo único que importa es el objeto en el que estás trabajando, aquí y ahora (conocemos perfectamente el *mindfulness*).

Tenemos dos líneas: joyería de «alta gama», con metales y piedras preciosas (la pieza «estrella» es el brazalete); y bisutería, la versión *low cost* y más popular, elaborada con marfil y dientes de animales (los colmillos dan mucho juego para los relieves y perforados). Los anillos de marfil y los collares *mix* de dientes de zorro y lobo son *top* ventas.

Una categoría aparte es nuestra creación más exclusiva: los collares de cuentas, hechos con piedras de colores que los comerciantes nos traen de sitios exóticos y que, una vez elaborados, se venden a muy buen precio.

Dominamos la técnica del tallado y

ARTE MUEBLE

Los orfebres también participaban en lo que se conocía como «arte mueble», esto es, decorar con metales, piedras preciosas, marfil, etc. objetos que se podían «transportar» (jarrones, baúles). Solía tratarse de piezas en relieve con motivos geométricos o representaciones de animales.

la perforación para hacer relieves, filigranas y nuestros famosos «dientes agujereados» (hito del arte en miniatura).

Como era de esperar, nos han salido «malas copias» en forma de «intrusos» que van de orfebres y no saben lo que es un punzón. Para

defendernos de ellos hemos creado el primer gremio de la historia: está claro que solo si nos unimos podemos mantener nuestro prestigio y, también, trabajar en mejores condiciones.

▶ Otro grupo de artesanos muy valorado fueron los cesteros, fabricantes de cestas de todas las formas y tamaños que satisfacían la demanda de recipientes para guardar todo tipo de objetos y almacenar alimentos. Empleaban la técnica de entrelazar cuerdas de esparto, junco o fibras de palmera, retorcidas entre sí en distintas direcciones, y a las que a veces añadían yeso o resinas para adaptarlas al almacenaje de líquidos. También producían sandalias (de esparto) y esterillas.

▶ Entre el gran número de piezas de orfebrería prehistórica que se han encontrado destacan los collares hallados en un yacimiento de Kenia, con 40 000 años de antigüedad y que están elaborados con numerosas cuentas de... ¡cáscara de huevo de avestruz!

SOY ARQUITECTO

Soy el arquitecto Kalla y diseño monumentos megalíticos («de piedras grandes»), típicos de la Prehistoria y en cuya construcción, además de nosotros, participan operarios que reúnen dos condiciones: son fortachones y están muy motivados.

Que se vea, que impacte y que perdure: son tres reglas que todo megalito debe cumplir, y de ello somos responsables los «mega-arquitectos». Además de controlar medidas y materiales, tenemos otros conocimientos, lo que nos convierte en los «sabios del clan», (en otra época seríamos «hombres del Renacimiento»).

Como manejamos la astronomía y la meteorología, nos anticipamos a los eclipses y «clavamos» la fecha de solsticios y equinoccios (no es casualidad que muchos megalitos estén en lugares estratégicos para disfrutar de estos fenómenos).

También somos líderes supremos reclutando y convenciendo a los constructores para que transporten durante muchos kilómetros toneladas de piedra… sin desertar. Yo recurro al *coaching* y charlas para motivarles sobre la importancia de «mostrar a las generaciones venideras lo que fuimos capaces de hacer gracias al sentido de comunidad» (¡esta frase es infalible!).

El megalito «estrella» es el menhir, enorme piedra clavada en vertical sobre la tierra. A veces los agrupamos en líneas o círculos, formando un crómlech (como en Stonehenge). También construimos dólmenes, «mesas gigantes» con grandes piedras en la base cubiertas con una losa horizontal. Solemos situarlos en colinas o al final de explanadas con un claro objetivo: emocionar a quien se topa con ellos (lo conseguimos al 100 %).

El significado de los megalitos es uno de los grandes enigmas de la Humanidad y hay muchas teorías al respecto. Como pista os diré que no tienen una, sino varias utilidades (enterramiento, límite entre poblados, observatorio astronómico, centro ritual…). Una de las cosas que más intriga es por qué unas veces los alineamos y otras no (la respuesta: lo hacemos según nos apetece).

Aunque algún «simple» dice que son «piedras puestas de cualquier manera», cada megalito implica un gran trabajo cuya precisión inspirará a los arquitectos del futuro. Y el hecho de que haya miles –todos iguales– repartidos por el mundo demuestra que los prehistóricos no estamos tan incomunicados como se cree…

CRÓMLECH DE STONEHENGE: LA ESTRELLA DEL MEGALITISMO

Situado al sur de Gran Bretaña, es el monumento megalítico más famoso (recibe miles de visitantes al año). Está construido con piedras transportadas desde una cantera a 400 km de distancia, que forman un completo conjunto con fosos, montículos y campo abierto. En el centro está el área sagrada, coincidiendo con el punto exacto por el que sale el sol en el solsticio de verano. Se cree que se diseñó para ser a la vez lugar de culto, observatorio astronómico y calendario gigante de las estaciones.

▶ Como costaba creer que los prehistóricos fueran capaces, sin apenas medios, de construir estos enormes monumentos, a lo largo de la historia fueron surgiendo leyendas que atribuían su origen, entre otros, a gigantes, ancianas tejedoras o seres sobrenaturales transportadores de piedras.

Se han encontrado menhires repartidos por todo el mundo, de distintos tamaños pero todos con la misma forma y estructura. La mayoría tienen entre 5 y 8 m de altura y pesan entre 30 y 40 toneladas, aunque algunos pueden alcanzar las 350 toneladas.

SOY COMERCIANTE

Mi nombre es Rimak, soy un hombre de negocios y me dedico al comercio, una actividad importantísima que en la Prehistoria, como no existe el dinero, se realiza mediante el intercambio de un objeto o servicio por otro.

«Me sobran 12 cestos de manzanas», «¿dónde encuentro lana de calidad?». El trueque (intercambio de productos) dio respuesta a estos «dramas» cavernarios. Y fue todo un éxito, pues ni siquiera los poblados «de élite» son autosuficientes.

El intercambio de alimentos se amplió a otros productos: ropa, recipientes, armas, joyas… Para evitar abusos, establecimos unas equivalencias: alimentos por herramientas; materias primas (pieles, sílex, metales) por armas; herramientas por cerámica; joyas y objetos de valor por adornos…

La cantidad intercambiable depende de la calidad y el número de personas que desean el mismo producto (oferta y demanda). Los caprichos del consumidor hacen que unos dientes de mamut por los que había peleas hace unas semanas ahora se regalen en pack con unas sandalias de esparto. Los objetos mejor valorados son los «exóticos»: raros, procedentes de lugares lejanos y muy vistosos.

De buscarlos y llevarlos al poblado nos encargamos los comerciantes, un oficio que surgió cuando el sistema «yo te doy, tú me das» fue claramente insuficiente. Para ser «gestor de trueques» se necesita espíritu aventurero, saber negociar; ser simpático y persuasivo (siempre hay lotes que es difícil «colocar»); capacidad de observación y excelente memoria para tomar nota de técnicas o costumbres interesantes que emplean otras comunidades y «calcarlas» al volver al poblado.

Y, sobre todo, hay que tener «olfato» detector de timos: mucho listillo intenta dar «basura por ofertón», y otros prometen un producto maravilloso que nada tiene que ver con el que luego llega por «trueque exprés» a la cueva almacén.

Gracias a la rueda y la vela el negocio se reforzó con la creación de rutas para llevar las mercancías más lejos y obtener productos de mejor calidad.

Del comercio surgieron profesiones como la economía y la diplomacia (somos los primeros «embajadores»). Y también nos ha hecho más sociables y «abiertos de mente» (lo que le ha venido fenomenal a mucho cavernícola de pensamiento…).

NEGOCIOS A TODA VELA

El desarrollo comercial fue paralelo al del transporte marítimo gracias a la incorporación de la vela al mástil de las naves (balsas y piraguas), lo que permitió aprovechar la fuerza del viento y transportar más rápidamente las mercancías a través de los ríos o bordeando las costas. También les llevó a construir embarcaciones cada vez más grandes, en las que podían ir varios comerciantes y transportar más mercancías y más pesadas. Con ello, el comercio se expandió ampliamente y en muy poco tiempo.

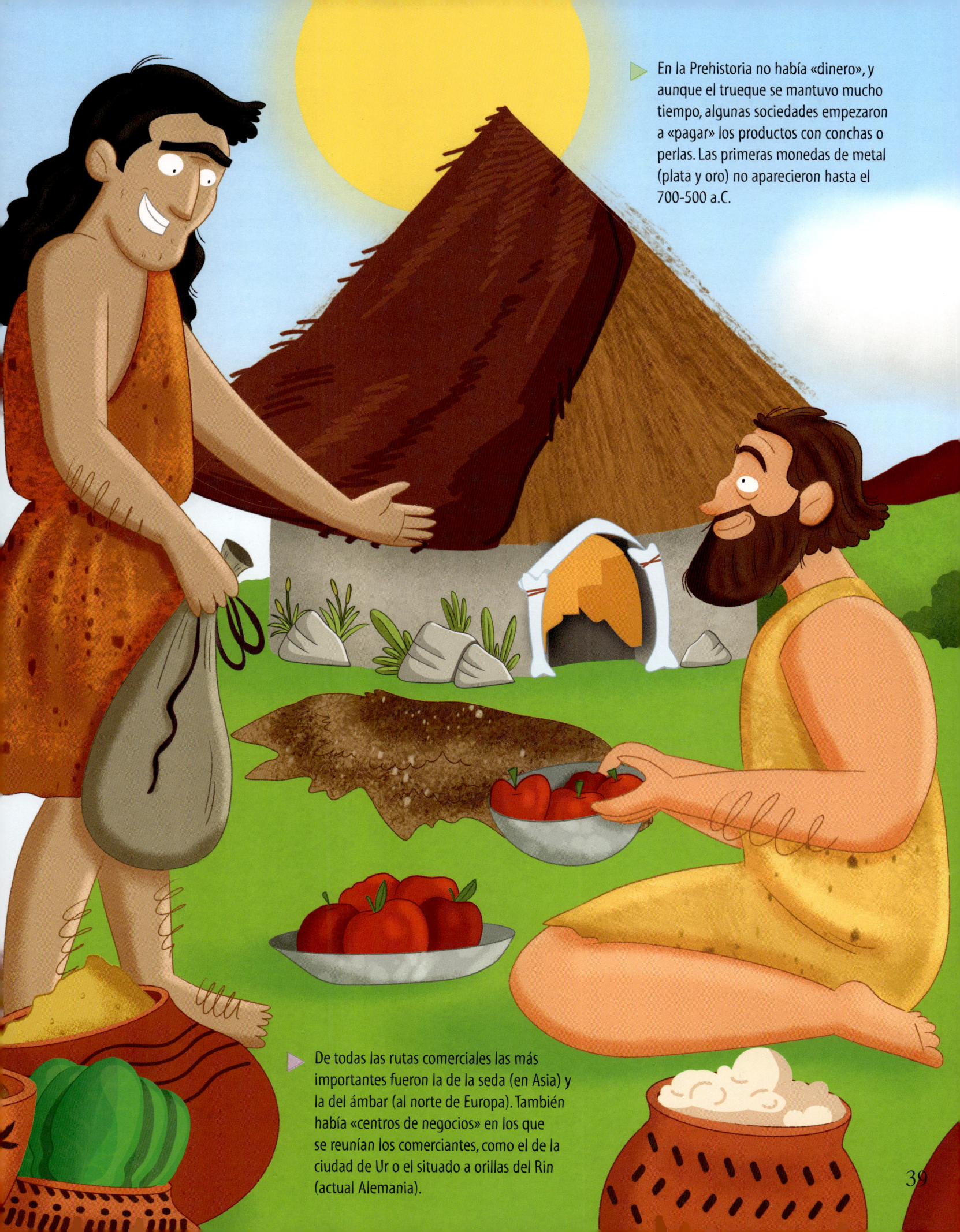

En la Prehistoria no había «dinero», y aunque el trueque se mantuvo mucho tiempo, algunas sociedades empezaron a «pagar» los productos con conchas o perlas. Las primeras monedas de metal (plata y oro) no aparecieron hasta el 700-500 a.C.

De todas las rutas comerciales las más importantes fueron la de la seda (en Asia) y la del ámbar (al norte de Europa). También había «centros de negocios» en los que se reunían los comerciantes, como el de la ciudad de Ur o el situado a orillas del Rin (actual Alemania).

SOY ENTERRADOR

Me llamo Sayri, y debido a mi oficio –soy enterrador– trabajo prácticamente 24/7/365, pues además de dar sepultura al difunto, los enterramientos implican una *performance* en la que ejerzo como «maestro de ceremonias».

Los prehistóricos creemos en el más allá, respetamos a nuestros difuntos y los despedimos, con todos los honores, bajo la batuta del «Ilustre Director de Ritos Funerarios» (o sea, yo).

Aunque cada enterramiento es distinto, hay un protocolo. Primero se prepara el lugar elegido por el difunto (en vida, claro), que va por modas: ahora se llevan las sepulturas al aire libre, tipo dólmenes, pero muchos piden reposar en su jardín… o bajo el suelo de la vivienda.

Coloco al difunto de lado (en posición fetal, como al inicio de su existencia) y lo rodeo de sus objetos preferidos y los que más usaba en su vida «de aquí» (ajuar), pues los necesitará en la «de allá»: dientes de animales, cornamentas, cerámica, armas, herramientas, collares…

Hay dos modelos de enterramiento: el «básico» (cuerpo en tierra + ajuar tipo + rito estándar) y el «premium» (tapizado de tumba con piel de animal + ajuar deluxe + ritual *supreme*).

Tras el rito de cubrir el cuerpo con polvo de ocre rojo (símbolo del «renacer»), doy paso a los cánticos y bailes de despedida, en los que participan familiares y amigos mientras depositan flores en la tumba.

El ritual tiene que salir perfecto, ya que es la única forma de asegurar al 100 % que el paso al más allá se realiza con éxito.

Cada tribu tiene estilos funerarios propios y, como erudito del nicho que soy, los conozco todos y estoy «a la última» en enterramientos. Me gusta ser rompedor: un sepelio debe impactar, pues es también un evento social donde se transmiten tradiciones, y de mí depende que los asistentes se impliquen.

Tengo fama de adusto, pero no concibo ejercer mi labor en «modo jolgorio». Creo que es precisamente por mi seriedad por lo que quienes se cruzan conmigo siempre aceleran el paso. Lo que no tengo tan claro es por qué, en cuanto me ven, todos agarran con fuerza sus amuletos. Será en señal de respeto…

▶ En la Prehistoria también se utilizó la cremación: incineraban el cuerpo del difunto y depositaban las cenizas en vasijas de cerámica. Después las enterraban según el ritual habitual o las esparcían en los lugares preferidos del fallecido.

Algunos pueblos practicaban el «culto a los cráneos», que consistía a añadir sobre el rostro del difunto arcilla y otras sustancias para dar relieve a la nariz y otros rasgos. El objetivo era «reforzar» el cráneo, pues creían que allí estaba el alma que transitaba al más allá.

DÓLMENES: LOS PRIMEROS PANTEONES

El dolmen fue un tipo de enterramiento muy popular. Estaba compuesto por grandes bloques de piedra que hacían «de pared» sujetando una enorme losa, formando una cámara funeraria. Eran panteones o enterramientos colectivos de una familia o para habitantes de un clan, y los cuerpos se colocaban uno al lado del otro. Cada cierto tiempo se «reutilizaban», desplazando los huesos de los difuntos «veteranos» hacia los lados (junto a sus respectivos ajuares) para hacer sitio a nuevos «inquilinos».

MIGRACIÓN DE LOS PRIMEROS HUMANOS DESDE ÁFRICA A TODO EL MUNDO

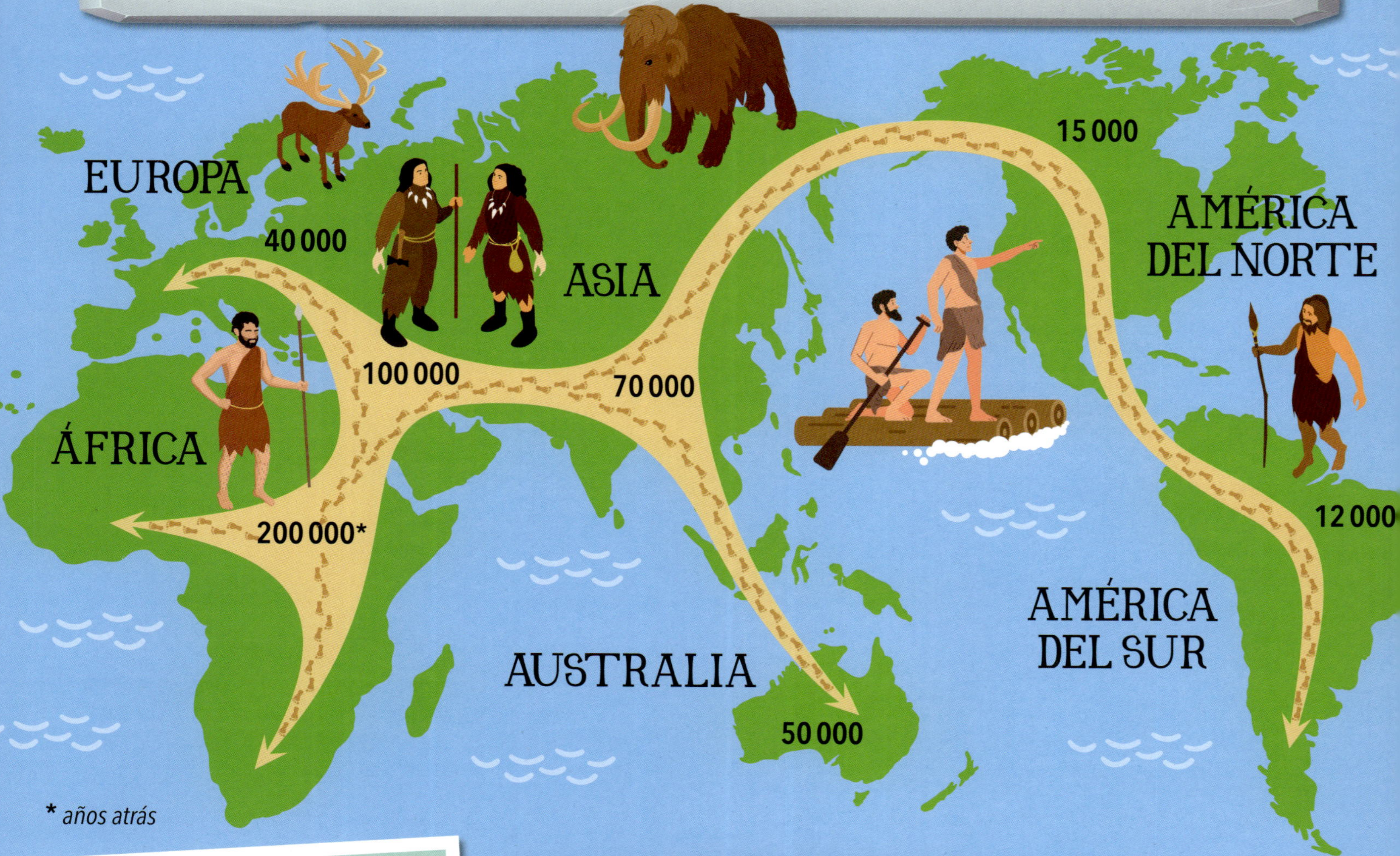
EUROPA
40 000
ASIA
15 000
AMÉRICA DEL NORTE
100 000
70 000
ÁFRICA
200 000*
12 000
AMÉRICA DEL SUR
AUSTRALIA
50 000
* años atrás

LA PREHISTORIA

La Prehistoria es el periodo que va desde la aparición de los primeros seres humanos (hace unos tres millones de años atrás) hasta la invención de la escritura (que se produjo hace entre 5 500 y 3 000 años). Se considera la etapa más larga de la Historia, durante la cual la vida en la Tierra estuvo sometida a una evolución continua.

Se cree que los primeros habitantes con apariencia humana –los *Homos*– surgieron en África y fueron sobreviviendo y evolucionando gracias al uso que hacían de la riqueza natural que había en su entorno. Cuando la vida en su zona se volvió difícil, se desplazaron hacia Europa, Asia y América en busca de nuevos recursos.

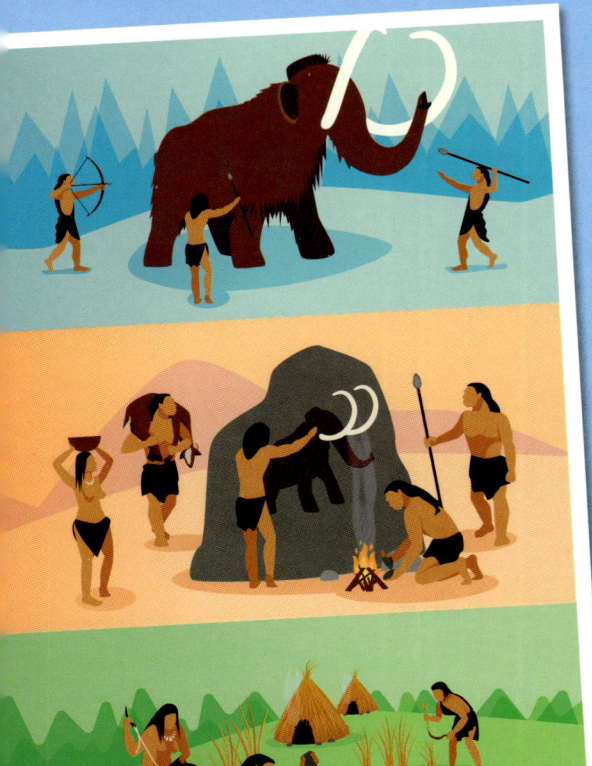

LAS GLACIACIONES

Desde su origen, la Tierra experimentó grandes cambios climáticos y durante buena parte de la Prehistoria los habitantes del planeta soportaron las consecuencias de las glaciaciones, esto es, periodos en los que hacía un frío polar (similar al que soportan en la actualidad los habitantes de Siberia, en Rusia) y nevaba constantemente.

Las glaciaciones se alternaban con periodos de temperaturas más cálidas (bastante parecidas a las que hace ahora en primavera y verano).

Tanto la vegetación como los animales se fueron adaptando a estos cambios climáticos. Las primeras especies del género *Homo* coincidieron con una etapa en la que el clima era cálido, pero su expansión por el mundo se produjo también en épocas en las que hacía un frío glacial.

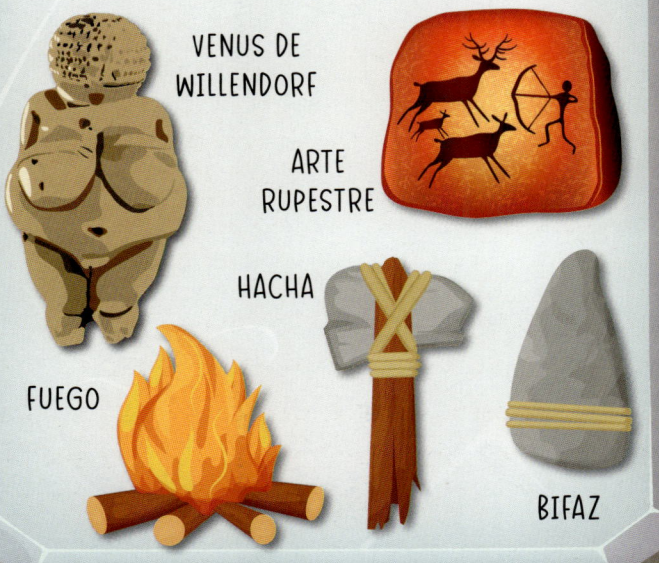

VENUS DE WILLENDORF

ARTE RUPESTRE

HACHA

FUEGO

BIFAZ

LÍNEA DEL TIEMPO

Paleolítico (desde 2 500 000 a. C. hasta 8 000 a.C.)

Su nombre significa «la antigua edad de la piedra», que es precisamente la principal característica de esta etapa: el dominio de la piedra como material con el que elaboran herramientas (como el bifaz), armas (puntas de lanza) y otros objetos que utilizan en su vida cotidiana. Durante esta etapa aparecen los primeros *Homos*, que viven de la caza, la pesca y la recolección; se organizan en clanes, la mayoría habitan en cuevas (aunque hay algunos que lo hacen en cabañas) y son nómadas, esto es, cambian habitualmente de lugar de residencia ya que, cuando escasean los alimentos y recursos de su entorno, se trasladan en busca de zonas más favorables para cubrir sus necesidades. De esta etapa son las primeras manifestaciones artísticas de la Historia: dibujos realizados generalmente en las paredes de las cuevas y que se conocen como arte rupestre.

Neolítico (desde 8 000 a.C. hasta 4 000 a.C.)

El desarrollo de la agricultura y la ganadería transforma totalmente el estilo de vida, pues ya no tienen que trasladarse en busca de alimentos y otros recursos y se quedan a vivir siempre en el mismo sitio, lo que significa que se vuelven sedentarios y aparecen los primeros poblados. Durante este periodo se empiezan a hacer piezas de cerámica y las herramientas de piedra cada vez son más elaboradas y talladas (neolítico significa «piedra nueva»). Conviven en grupos más grandes, formando tribus, y empiezan a especializarse los oficios y tareas: unos se dedican a la agricultura, otros a la caza, otros a la artesanía…

Edad de los Metales (desde 4 000 a.C. hasta el siglo XI a.C.)

Hacia el 4 000 a.C. los hombres prehistóricos descubren los metales y comienzan a utilizarlos para fabricar herramientas y objetos de distinto tipo. El primero que usaron fue el cobre, después el bronce (mezcla de cobre y estaño) y más tarde el hierro, con el que consiguieron elaborar piezas más resistentes y duraderas. Según el oficio que se desempeñaba, comienzan a diferenciarse distintas clases sociales en los poblados, todas ellas bajo la autoridad del jefe de la tribu. En este periodo también se desarrollan tres inventos muy importantes: la rueda, la vela y el arado.

LA EVOLUCIÓN HUMANA

Los seres humanos procedemos de los primates, que en un momento de la Prehistoria se dividieron en dos grandes familias: los póngidos (los grandes simios) y los homínidos. Estos últimos evolucionaron de una forma distinta, desarrollando habilidades y características físicas que, con el tiempo, dieron lugar al que se considera el primer antepasado directo del hombre actual: el *Homo sapiens*.

AUSTRALOPITHECUS

Antes de aparecer las especies de la clase *Homo* hubo otras menos desarrolladas. Los representantes más destacados de este grupo son los Australopitecos, los primeros primates que consiguieron andar erguidos y que caminaban «a dos patas» (piernas) en vez de a cuatro. Su amplia frente echada hacia atrás contrastaba con una boca y nariz muy adelantadas. El cerebro y otras partes corporales estaban más desarrollados que en otros homínidos. Se cree que fueron la especie dominante durante unos tres millones de años. Sus restos fósiles, bautizados con el nombre de *Lucy*, se encontraron en 1971 en Etiopía.

HOMO HABILIS
«Hombre hábil, trabajador»

Fue el primer fósil, descubierto en África, que se encontró cerca de una herramienta de piedra tallada (de ahí su nombre), ya que fabricaban objetos rudimentarios a partir de guijarros, lo que a su vez les permitió empezar a cazar pequeños mamíferos. Tenían una capacidad craneal muy desarrollada y eran de baja estatura: medían entre 130 y 159 cm.

HOMO ERECTUS
«Hombre erguido»

Vivió en Asia y fue el primero en utilizar y dominar el fuego. Medía alrededor de 1,70 m y su cerebro era dos veces más grande que el del Australopiteco. Fabricaba herramientas más complejas y era un excelente caminante. De hecho, esta especie fue la primera en explorar partes del mundo distintas a la que habitaban, ya que se han encontrado restos suyos en distintos lugares de Asia y Europa.

- La posibilidad de caminar sobre las extremidades inferiores supuso liberar las superiores para realizar toda una serie de tareas complejas.

- *Lucy* medía apenas 1,27 m y pesaba 27 kg, y se estima que su antigüedad es de 2,9 a 3,8 millones de años.

- El *Homo habilis* habitaba en la sabana arbolada africana, pero debido a la escasez de árboles, pasó de refugiarse en los árboles a construir cabañas en el suelo, probablemente inspirándose en los nidos de los pájaros.

- El *Homo erectus* fue el primer cocinero de la historia. Cazaba y mataba elefantes, rinocerontes, caballos, bisontes, etc. La caza mayor suponía inteligencia y astucia; tuvo que aprender a cazar en grupos, y gracias a ello se les desarrolló el volumen craneal.

NEARDENTALES Y SAPIENS: PRÓXIMOS PERO «NO REVUELTOS»

Con estas dos especies termina la evolución de *Homos* que da lugar al humano actual. Aunque el «Hombre de Neardental» apareció mucho antes que el *Homo sapiens* (se calcula que alrededor del 400 000 a.C.), se cree que durante bastante tiempo (unos 10 000 años) ambas especies convivieron en el planeta, aunque no está claro si llegaron a conocerse o no. Aunque los dos presentaban características muy parecidas, solo una especie, la *Sapiens*, fue capaz de sobrevivir y perpetuarse… hasta hoy.

HOMO NEARDENTHALIS
«Hombre de Neardental»

Medían entre 1,60 y 1,70 m y tenían una gran fortaleza física. Su cerebro estaba muy desarrollado (más incluso que el del *Homo sapiens*, considerado el «más listo» de todos los de esta especie). Eran excelentes cazadores y desarrollaron una gran destreza en la talla de piedra y el manejo de la madera.

HOMO SAPIENS
«El hombre que sabe»

Se extendieron desde el valle del Rift, en África (que debido a ello se considera la «cuna de la Humanidad»), de donde eran originarios, hasta la mayoría de los territorios del planeta. Su cerebro era grande y muy desarrollado. Eran más altos que sus predecesores y caminaban perfectamente sobre las dos piernas. Usaban con gran destreza las manos para recolectar alimentos y manipular objetos.

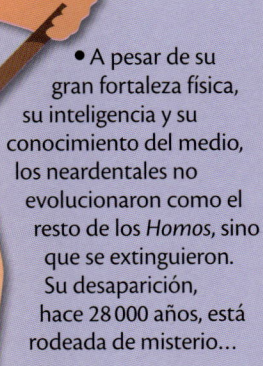
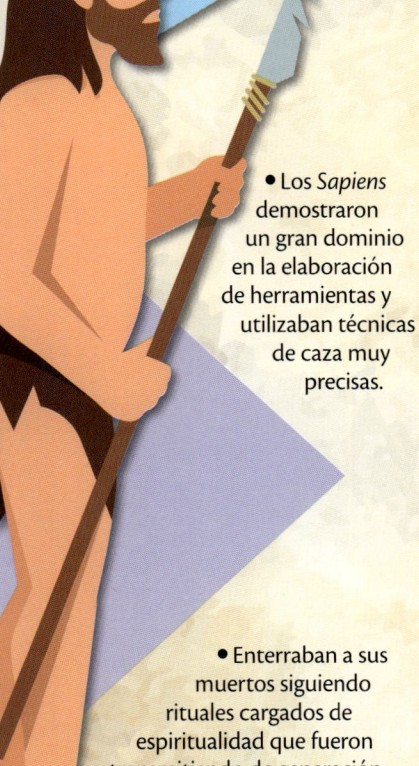

• A pesar de su gran fortaleza física, su inteligencia y su conocimiento del medio, los neardentales no evolucionaron como el resto de los *Homos*, sino que se extinguieron. Su desaparición, hace 28 000 años, está rodeada de misterio…

• Los *Sapiens* demostraron un gran dominio en la elaboración de herramientas y utilizaban técnicas de caza muy precisas.

• Enterraban a sus muertos siguiendo rituales cargados de espiritualidad que fueron transmitiendo de generación en generación.

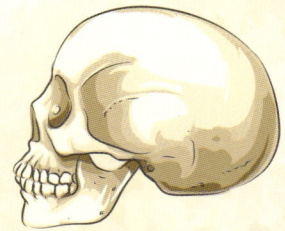

HOMO SAPIENS
hace 160-40 mil años

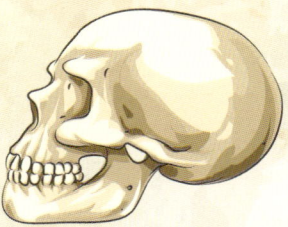

HOMO NEARDENTHALIS
hace 500-25 mil años

HACE UN MILLÓN DE AÑOS

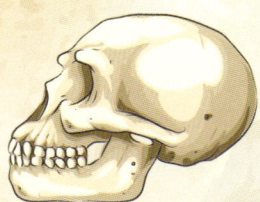

HOMO ERECTUS
hace 1,35-0,7 millones de años

HACE DOS MILLONES DE AÑOS

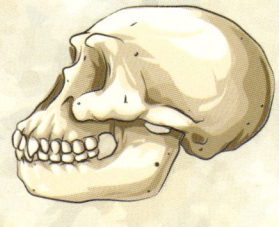

HOMO HABILIS
hace 2,35-1,5 millones de años

HACE TRES MILLONES DE AÑOS

AUSTRALOPITHECUS
hace 3,9-2,55 millones de años

HACE TRES MILLONES DE AÑOS

FAMILIA Y SOCIEDAD EN LA PREHISTORIA

Desde que vivían en modo nómada hasta que se asentaron como sedentarios, los prehistóricos fueron desarrollando, conservando y transmitiendo de generación en generación una serie de costumbres y un estilo de vida propios. El tipo de sociedad y su estructura fue cambiando a lo largo de las diferentes etapas, pero sabemos que en todo poblado cada grupo desarrollaba un rol específico.

Independientemente de que vivieran en cuevas o en cabañas, los prehistóricos se agrupaban en campamentos. Compartían muchas actividades, intercambiaban productos y, a diario, se reunían alrededor de la hoguera. Los poblados tenían muchos habitantes, ya que la mayoría de las familias eran numerosas, y todos los miembros, incluidos niños y jóvenes, participaban en las tareas: recolección, siembra y cosecha, cuidado de animales, moler los cereales…

A medida que se iban descubriendo e introduciendo técnicas novedosas se desarrollaron nuevos oficios y el trabajo se fue profesionalizando. Esto hizo que los habitantes de los poblados empezaran a dividirse o diferenciarse en grupos según las actividades que realizaban.

Así, poco a poco se fueron perfilando **distintas clases sociales**, lo que fue más evidente a partir de la Edad de los metales, aunque la estructura social variaba según la etapa prehistórica y el lugar del mundo habitado por la tribu o clan.

Siempre había un **líder**, que guiaba al resto con sabiduría y al que todos obedecían, y una **clase dominante**, de la que formaban parte unos privilegiados que se dedicaban al comercio o a la defensa del poblado.

La mayoría de la población se dedicaba a la **artesanía**, la **agricultura** y la **ganadería**, y en muchas sociedades había un grupo, el de los **sirvientes o esclavos**, que se consideraba como el escalón más bajo de la escala social.

EL PECULIAR ROL DE LOS GUERREROS

Aunque parece que no participaron en muchas batallas y que las guerras, como las entendemos hoy en día, no eran habituales en la Prehistoria, los **guerreros** eran los miembros más venerados y las personalidades más importantes por varias razones: por sus habilidades y aspecto físico (fuertes y valientes); porque acumulaban muchas riquezas (procedentes de sus conquistas y hazañas en otros territorios) y, también, por los mitos y leyendas que los rodeaban y que muchas veces ellos mismos inventaban o exageraban. Por todo ello, eran considerados como los «defensores y garantes de la seguridad».

Las hazañas más importantes eran la conquista de territorios vecinos (sobre todo para apropiarse de sus bienes y víveres), y también tenían mucho prestigio los que salían victoriosos de los duelos «cuerpo a cuerpo» con otros guerreros.

EL DESCUBRIMIENTO DEL FUEGO

Durante millones de años los hombres prehistóricos vivieron sin el fuego. Fue en la época del *Homo erectus* (hace unos 1 500 000 años) cuando se produjo el descubrimiento del que se considera uno de los grandes hitos de la Humanidad, que cambió totalmente la vida de nuestros antepasados y, también, supuso el primer paso para dominar el medio ambiente que les rodeaba.

El descubrimiento del fuego se produjo por observación primero y por experimentación después. Al principio, se limitaron a mantener vivo el fuego «accidental» que se producía como consecuencia de incendios naturales (la mayoría de las veces por la acción de un rayo) o de las erupciones de los volcanes.

Sacaban partido a las brasas humeantes de estos incendios añadiéndoles hojas y ramas para reavivarlas. También echaban semillas, que se tostaban rápidamente, y las añadían a otros alimentos para darles un toque extra de sabor.

Poco a poco se dieron cuenta de que, además de utilizar estos fuegos, tenían que aprender a dominarlos y, sobre todo, a ser capaces de «fabricarlos». Fue así como dieron el siguiente paso: la domesticación del fuego.

A partir del dominio del fuego, la vida prehistórica mejoró en tres aspectos fundamentales: podían alumbrarse, disponer de calor frente al frío y cocinar los alimentos. Pero usaban el fuego para muchísimas cosas más, entre ellas:

- Disfrutar de luz y «calefacción» en el interior de las cuevas.
- Aumentar el valor nutritivo de los alimentos y mejorar la digestión, gracias a la cocción.
- Fundir metales.
- Reforzar la punta de lanzas y flechas.
- Endurecer la arcilla, lo que dio un gran impulso a la industria cerámica.
- Ahuyentar a las fieras.

NIÑOS PREHISTÓRICOS: JUEGOS, TAREAS Y UNA ENSEÑANZA «A MEDIDA»

El entorno en el que vivían era para los niños prehistóricos su campo de juegos y, también, su «colegio». De las «asignaturas teóricas» se encargaban los más ancianos del campamento, quienes reunían a los más pequeños y les contaban historias, costumbres y trucos para controlar la naturaleza y evitar los peligros más habituales. La práctica la aprendían participando en la recolección, la caza, la preparación del fuego…

Como resultado de este aprendizaje, los niños y niñas de las cavernas conocían a la perfección los nombres de las plantas, reconocían las huellas de todo tipo de animales, sabían tallar herramientas y curtir pieles.

Nunca se aburrían porque tenían un amplio repertorio de juguetes hechos con madera, conchas y piedras: sonajeros, silbatos, tableros, figuras de animales, barcos…

ENFERMEDADES, REMEDIOS Y PRIMEROS AUXILIOS

Se sabe que durante la Prehistoria hubo grandes epidemias de enfermedades infecciosas, producidas por virus que les transmitían animales como los cerdos y los pollos. Asimismo, el estudio de los restos arqueológicos ha permitido encontrar ejemplos de piernas o brazos con fracturas y heridas que habían sido curadas, lo que significa que en las tribus había «médicos». Posiblemente se trataba de personas que conocían a fondo los remedios que podían obtener de la naturaleza y manejaban a la perfección las propiedades curativas de las plantas, elaborando con ellas medicinas naturales a base de bayas y otras frutas y algunas hierbas.

Para los casos más serios, acudían a los chamanes y hechiceros o se encomendaban a las fuerzas sobrenaturales.

TODOS A LA MESA

La hora de la comida era el momento más importante de la jornada prehistórica. Siempre lo hacían agrupándose en familias y alrededor del fuego. Aunque lo habitual era comer con los dedos (no existían los cubiertos), utilizaban trozos de sílex muy afilado para cortar los trozos de carne más gruesos y ramitas puntiagudas (que vendrían siendo los antecedentes de los tenedores) para los cereales y alimentos más escurridizos. Se sabe que acompañaban la comida con una especie de pan, que era una torta plana elaborada con trigo machacado; y también hay evidencias de que bebían cerveza (así se podría llamar la sopa espesa que obtenían de cereales como la malta y la cebada) y vino (jugo «extraído» directamente al estrujar las uvas).